ÉTUDE

SUR

QUELQUES MINIATURISTES

De 1750 à 1815

Dont les Œuvres étaient exposées à la Bibliothèque Nationale (Mai-Octobre 1906)

PAR

GUSTAVE LABAT

MEMBRE DE L'ACADÉMIE DES SCIENCES, BELLES-LETTRES ET ARTS DE BORDEAUX
CORRESPONDANT DU MINISTÈRE DE L'INSTRUCTION PUBLIQUE, ETC.

BORDEAUX

IMPRIMERIE G. GOUNOUILHOU
9-11, RUE GUIRAUDE, 9-11

—

1907

ÉTUDE

SUR

UELQUES MINIATURISTES

De 1750 à 1815

Dont les Œuvres étaient exposées à la Bibliothèque Nationale (Mai-Octobre 1906)

PAR

GUSTAVE LABAT

MEMBRE DE L'ACADÉMIE DES SCIENCES, BELLES-LETTRES ET ARTS DE BORDEAUX
CORRESPONDANT DU MINISTÈRE DE L'INSTRUCTION PUBLIQUE, ETC.

BORDEAUX

IMPRIMERIE G. GOUNOUILHOU

9-11, RUE GUIRAUDE, 9-11

—

1907

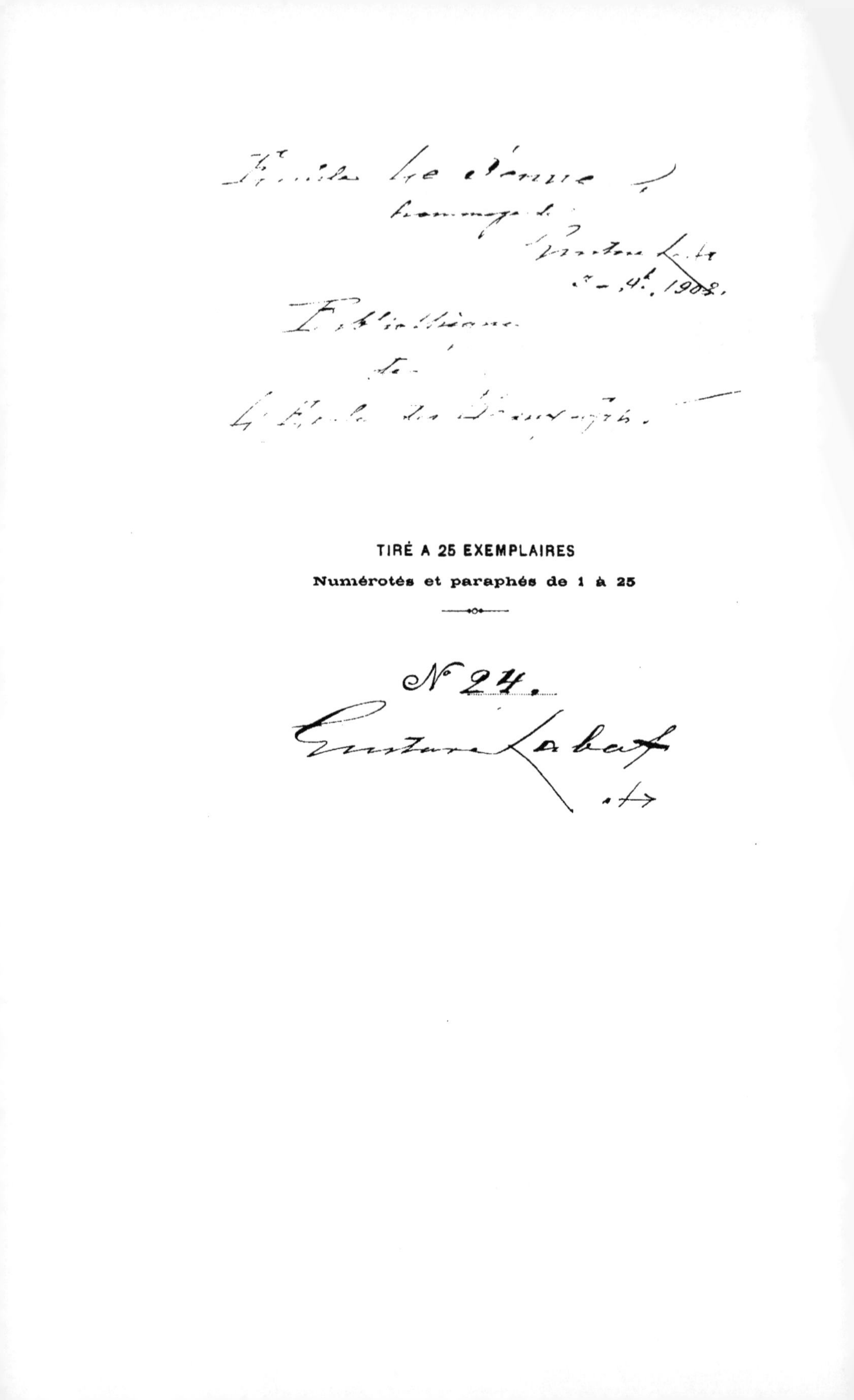

ÉTUDE

SUR

QUELQUES MINIATURISTES

De 1750 à 1815

———

C'est une fort heureuse inspiration qu'ont eue les organisateurs de l'Exposition rétrospective de la Bibliothèque nationale dont les salons viennent de fermer ; elle a permis aux amateurs d'art d'admirer pendant quelques mois dans les vitrines réservées aux miniatures un ensemble d'œuvres dont la splendeur et l'inédit se manifestent dans la forme la plus gracieuse.

Les grands noms des miniaturistes célèbres étaient représentés par des spécimens hors de pair dans cette inoubliable réunion de près de 600 pièces que l'on n'avait jamais vue et que l'on ne reverra pas sûrement de longtemps.

On ne comptait pas moins de 50 Hall ; 45 Augustin ; 59 Isabey ; 17 Lawreince ; 27 Dumont ; des Fragonard, Boucher, Baudouin, Moreau le Jeune et plus de soixante autres artistes.

Cette étude est circonscrite à l'examen des pièces principales des maîtres le plus en vue et n'a d'autre

prétention que de donner l'impression, toute personnelle,
d'un admirateur convaincu de ce genre élégant et spirituel de peinture, si prisé au XVIIIe siècle et dans les
premières années du XIXe et trop abandonné, selon lui,
de nos jours.

Ab Jove principium.

I

ISABEY (**Jean-Baptiste**) est né à Nancy en 1767, d'une
famille originaire de la Franche-Comté ; il est mort à Paris
en 1855, à l'âge de quatre-vingt-huit ans.

Il étudia d'abord avec le miniaturiste Dumont, puis il passa
dans l'atelier de Louis David, lorsque celui-ci revint de Rome.
Isabey, sans fortune, était obligé, pour vivre, de peindre des
dessus de boîtes et des boutons historiés. Quand son illustre
maître connut sa détresse, il vint généreusement à son secours ;
le jeune peintre lui en garda toujours une inaltérable recon-
naissance.

Isabey dut à cette sévère école d'avoir été un impeccable
dessinateur ; il fit d'abord de la peinture historique et c'est
Mirabeau, dont entre temps il avait fait le portrait, qui lui
conseilla d'abandonner ce genre pour la miniature et l'aquarelle.

Pendant sa longue carrière il vécut en bonne intelligence
avec tous les régimes ; il fut successivement le portraitiste
indispensable du Directoire, de la dynastie napoléonienne, de
Louis XVIII et de Charles X, et le metteur en scène des fêtes
pendant plus de trente ans.

Il peignit Marie-Antoinette en 1787, le général Bonaparte,
premier consul, Joséphine, l'empereur, l'impératrice, la reine
Hortense, Marie-Louise, le roi de Rome, Talleyrand, etc.; il vit
passer devant lui la jeunesse dorée, les petits maîtres du Directoire, de l'Empire et de la Restauration ; il fut familier dans

les salons de Mmes Tallien, Necker, d'Abrantès, Récamier, et devint le peintre de toutes les jolies femmes.

Isabey s'était marié sous la Terreur avec une charmante jeune fille, de famille noble, mais comme lui sans fortune, Mlle de Salienne ; c'est elle qui figure dans le célèbre tableau : *la Barque*, exposé par Isabey en 1797 et qui a été gravé à la manière noire.

Admis dans l'intimité du général Bonaparte, l'artiste le représenta se promenant dans les jardins de la Malmaison, œuvre d'une véritable valeur historique, où la photographie de nos jours, inconnue alors, n'aurait pas mieux rendu la physionomie expressive du futur empereur ; ce beau portrait a été gravé, les épreuves en sont rares et recherchées.

A la première Restauration, Isabey alla à Vienne où il peignit les membres du Congrès et fit aussi le portrait du roi de Rome qu'il porta à Napoléon pendant les Cent-Jours.

En 1817, il exposa au Salon parisien l'escalier du Musée du Louvre, qui est resté la miniature la plus remarquable qu'il ait faite sur ivoire par ses dimensions et par la perspective admirablement réussie que l'artiste a su reproduire. Ce chef-d'œuvre est au Louvre.

Après le sacre de Charles X, Isabey fut nommé dessinateur du Cabinet du roi et plus tard, sous Louis-Philippe, conservateur adjoint des musées royaux ; il avait alors soixante-dix ans.

Louis Napoléon ne pouvait oublier l'artiste qui avait donné des leçons de dessin à sa mère et reproduit si fidèlement ses traits : il le fit commandeur de la Légion d'honneur et lui accorda une pension de 6,000 francs.

Quand Isabey mourut, le 18 août 1855, il eut encore le bonheur de voir son nom perpétué par son fils Eugène-Louis-Gabriel, peintre de genre et de marine des plus distingués.

Il faudrait citer toutes les pièces de sa remarquable exposition, qui n'en compte pas moins de cinquante-neuf ; toutefois, pour ne pas tomber dans des longueurs regrettables, il est sage de faire une sélection et de parler de celles qui m'ont plus particulièrement frappé.

Ses portraits d'abord par lui-même, dont le premier, dessin très arrêté, date de son arrivée à Paris : il est de profil regardant à droite, coiffé d'un bicorne en bataille, chapeau que

Napoléon, plus tard, a rendu légendaire. Ce curieux dessin est dans le même cadre qu'un autre dessin de l'artiste représentant le retour de la promenade du Dauphin en 1791, au château de Meudon.

Dans le second portrait, une belle miniature sur ivoire de 1812, il est en habit bleu foncé, à boutons dorés, cravaté de blanc, les cheveux noirs et regarde à droite. Dans le troisième, de 1830 environ, les cheveux sont blancs en broussaille et il est vêtu d'une rédingote bleu clair boutonnée qui laisse passer le bord d'un gilet jaune, il regarde en face ; c'est une charmante et vigoureuse aquarelle.

Deux belles miniatures rondes sur ivoire : l'une le portrait de la mère du peintre, l'autre celui de sa première femme, Mlle de Salienne ; puis une aquarelle très lumineuse reproduisant les traits d'Henri Isabey, fils de sa seconde femme, Eugénie Maistre ; elle est de 1834 et a la légèreté de facture des beaux jours du peintre.

Enfin, sur une boîte ronde est finement enlevée une gouache du jardin de la maison qu'occupait Isabey, rue des Trois-Frères, n° 7 (aujourd'hui rue Grange-Batelière) ; au premier plan, Mme Isabey, née de Salienne, en robe blanche, lit assise au pied d'une statue.

Le général *Bonaparte, premier consul,* en costume de membre de l'Institut, belle miniature de 1801.

Napoléon, empereur (1805). Il regarde à gauche et porte le grand-cordon de la Légion d'honneur.

Joséphine, de trois quarts à droite. Elle a un diadème de perles.

Ces deux miniatures sont d'un travail d'une extrême délicatesse, ainsi que celle représentant la *reine Hortense,* de trois quarts, assise à droite, la main gauche à sa collerette ; toutes trois ovales et de grandeur moyenne.

Joséphine, debout, près de sa psyché, dans un luxueux salon ; la pose, élégante, est pleine de noblesse ; c'est une préparation d'aquarelle d'une tonalité exquise (1808).

Lætitia Ramolino (Madame mère), de face, en chapeau à plumes (1810), et *Pauline Bonaparte,* princesse Borghèse, sont deux bien intéressantes miniatures ; la deuxième n'est pas complètement terminée.

Elisa Bonaparte, grande-duchesse de Toscane : très jolie pièce sur ivoire.

L'esquisse de *Talleyrand,* prince de Bénévent, qui a servi à l'artiste pour son tableau du Congrès de Vienne, est une étude très arrêtée du fameux diplomate ; c'est un précieux document dans l'œuvre si attachante du maître.

Noémi Worle, divorcée de Georges-Francis Grant, devenue la femme du prince de Bénévent ; elle vivait avec lui depuis cinq ans, lorsque, en 1802, Talleyrand l'épousa. Elle était née à Tranquebar, dans les Indes danoises, en 1762, et était d'une grande beauté.

Rœderer, Beurnonville, l'amiral Bruix, le prince de Nassau-Siegen, Radix et Sainte-Foy signèrent à ce mariage, qui fut contracté à la mairie du Xe arrondissement de Paris ; le mariage religieux de l'ancien évêque d'Autun avec elle fut célébré à Epinay le lendemain. Le pape protesta contre cette union sacrilège.

Miniature exquise, la princesse de Bénévent semble une apparition sortant d'un nuage de dentelles ; l'artiste s'est surpassé, mais aussi quel modèle !

L'impératrice *Marie-Louise,* grande aquarelle : l'impératrice est couronnée de fleurs ; c'est une merveille de fraîcheur et d'élégance.

Le *Roi de Rome* à quinze jours, charmante composition à l'aquarelle ; le berceau est enveloppé dans les plis du drapeau tricolore, d'une tonalité harmonieuse.

Les *Enfants de Murat et de Caroline Bonaparte,* superbe miniature sur papier d'une exécution magistrale.

Louis David, de profil à gauche, tenant un porte-crayon ; *Mme de Staël,* de face, souriant : deux magnifiques dessins à la manière noire.

Le *Roi de Rome,* la *maréchale Lannes,* le *général Leclerc,* premier mari de Pauline Bonaparte, trois miniatures d'une habileté surprenante ; *Chérubini, Parny, Arnaud, Désaugiers, Goetz, Népomucène Lemercier,* les deux premiers à la sépia, les autres à l'aquarelle.

Elleviou, le chanteur célèbre, une des plus belles miniatures de l'artiste ; il est de trois quarts à gauche et regarde en face.

Louis XVIII, grande miniature sur papier, avec sa tête

blanche, son teint rosé, son habit bleu à grosses épaulettes
d'or ; le roi sourit et semble causer. Il y a dans cette magnifique pièce un véritable tour de force : Isabey s'est joué avec
bonheur des bleus de l'habit et du grand-cordon du Saint-Esprit
et a su mettre une harmonie exquise entre ces couleurs dispa-
rates et le ruban rouge vif de la croix de Saint-Louis ; l'artiste
a donné au roi impotent une physionomie douce et avenante
qu'il n'a pas dans le superbe portrait du baron Gros.

Houdon, l'immortel sculpteur, est, dans des proportions
moindres, un portrait bien attrayant. Isabey a fait là une œuvre
hors ligne, qu'on ne saurait assez louer.

Avec la *princesse Bagration*, aquarelle faite à Vienne,
dans la note de celle de la duchesse de Talleyrand, je terminerai
la rapide étude des œuvres d'Isabey qu'on peut placer sans
crainte au premier rang de cette Exposition.

II

AUGUSTIN (Jean-Baptiste-Jacques), né à Saint-Dié
en 1759, mort du choléra à Paris en 1832.

Il fut un des maîtres de la miniature, qu'il releva de sa déca-
dence en réagissant contre le style appelé Pompadour. Venu à
Paris, il exposa en 1796 son portrait, qui figure aujourd'hui
dans les salons de la Bibliothèque nationale ; il se proclamait
alors *élève de la nature*.

En messidor an VIII, il épousa à Fussigny, canton de
Soissons (Aisne), Madeleine-Pauline du Cruet, née en 1782, qui
devint son élève et presque son égale ; elle mourut en 1865.

Augustin fut un traditionnel miniaturiste, un descendant
des anciens, parfois un peu sec, mais toujours d'une cons-
cience infinie ; son portrait de *Vivant Denon*, en émail, rappelle les meilleurs portraits de Clouet et de Nanteuil.

Il fut le maître de Mme Lizinska Rue de Mirbel, qui, sous la
Restauration et le règne de Louis-Philippe, a peint des portraits
d'une véritable valeur artistique. Mme de Mirbel, née en 1789
et morte à Paris le 30 août 1849, était physiquement une
fort belle personne ; elle fut remarquée par le roi Louis XVIII,

dont les prévenances pour l'artiste ne furent pas, dit-on, sans inquiétude pour Mme du Cayla.

Comme pour Isabey, je commencerai mon étude par les portraits de l'artiste :

Le premier est de 1778, il avait dix-neuf ans ; le deuxième, de 1781, quand il vint à Paris ; le troisième, fort remarquable, fut exposé par lui au Salon de 1796, il porte le costume d'*Homme libre,* composé par David, son ami. On lit à droite : *Portrait de M. Augustin, peint par lui-même en septembre 1796, fait à Paris.*

L'artiste s'est représenté de face, sans poudre à ses cheveux, le col de la chemise rabattu. Un pur chef-d'œuvre.

C'est sur ce portrait que les *Étrennes de Juvénal* publièrent le quatrain suivant :

> Augustin, tu t'es surpassé,
> Ton portrait est peint comme un ange,
> Et l'on peut dire à ta louange
> Qu'Isabey seul t'a devancé.

Un quatrième portrait d'Augustin, une simple esquisse dans un album, le montre à quarante et un ans, lors de son mariage avec Mlle Pauline du Cruet.

Le portrait de *Pauline du Cruet* est celui d'une jeune et jolie femme, c'est une des bonnes miniatures du maître.

La préparation sur ivoire de celle de *Caroline Bonaparte,* reine de Naples, dont l'original appartient au duc de Mouchy, donne la manière de procéder du peintre ; miniature admirable payée 2,000 francs à Augustin, qui exposa l'ivoire définitif au Salon de 1808.

Portrait de la citoyenne *Fanny Charin,* peintre. Elle est représentée debout, en costume antique, montrant de la main droite un temple dédié à l'Amitié ; on lit au fronton : *Temple de l'Amitié, Fanny en connaît toutes les issues.*

Vue de l'atelier d'Augustin, rue Croix-des-Petits-Champs, n° 25 : aquarelle irréprochable et bien intéressante.

La grande miniature rectangulaire de *Frédéric Duvernoy,* corniste solo de l'Opéra, est une de celles qui attirent le plus l'attention des amateurs. Augustin l'a peint de trois quarts à droite, tenant son cor d'harmonie; la tonalité générale de ce portrait est séduisante.

J'en dirai autant de l'émail ovale de *Vivant Denon*, directeur des Musées, superbe spécimen du talent de ce maître distingué.

Les deux émaux ovales de *Napoléon* et de *Joséphine* sont également fort remarquables. A citer aussi un beau médaillon d'un inconnu, désigné au catalogue : « Portrait d'un homme de la Révolution; » il est signé : AUGUSTIN, 1792.

Celui du *général Westermann;* il porte une perruque poudrée et un habit bleu à ganse d'or.

Le portrait d'une *Femme* dont les cheveux poudrés sont noués par un ruban rose, est très attrayant; elle est vêtue d'un corsage crème décolleté et porte des boucles d'oreilles en or; miniature ronde, signée AUGUSTIN.

Un portrait de *Napoléon* sur une tabatière en or est, dit-on, de Mme Pauline du Cruet, femme d'Augustin; on avait envoyé au destinataire une décoration dans cette boîte.

Il faut arrêter là cette étude, car, en toute justice, les autres miniatures d'Augustin mériteraient certainement d'être citées.

III

HALL (Pierre - Adolphe), né à Boras (Suède) en 1739? (on dit aussi en 1736), mort à Liège (Belgique) d'une attaque d'apoplexie à cinquante-sept ans.

Il étudia en Allemagne et eut pour maîtres Eckard et Reichard; revenu en Suède, il fit le portrait de Gustave III et vint se fixer à Paris, où il entra en relation avec Necker et Lafayette et accepta les idées de la Révolution.

Hall est sûrement le plus illustre peintre en miniature du xviiie siècle; il avait pris à Boucher, à Baudouin et autres la liberté d'allures qui servit sa vision particulière et l'aida à se faire une formule à lui.

On l'appela le *Van-Dick de la miniature.*

Très recherché et très couru, il avait ainsi fixé le prix de chacune d'elles, d'après leur importance et leur grandeur, depuis 10 louis (240 livres) jusqu'à 50 louis (1,200 livres); il se faisait de 20 à 30,000 livres par an, tant sa main était agile.

Marié à Mlle Gobin, de Versailles, Hall était devenu français au point de refuser à Gustave III de retourner en Suède.

La Révolution le ruina et il laissa sa famille dans le besoin, car son talent n'était pas sans caprice et il dépensait sans compter.

La grande miniature qui figure la première dans cette étude est dans les dimensions de celles qu'il cotait 50 louis ; mais le temps n'est pas loin où de pareilles pièces atteindront le centuple. De 1769 à 1789 il a peint *2,000 miniatures*, il est donc à la fois le plus habile et le plus fécond miniaturiste.

Cette première miniature du maître est le portrait d'une dame en costume clair, assise au milieu d'un parc : elle a la main gauche posée sur un vase, à droite est une fontaine d'amour et à gauche une rose trémière; elle est coiffée et ajustée à la mode de 1785 à 1790 et semble âgée de vingt-cinq ans environ. On lit derrière le cadre, en suédois : *Drottning-Luisa Ulrica fràn Preusen*. Cependant ce n'est pas le portrait de la princesse Louise de Prusse, reine de Suède, sœur du grand Frédéric, mais plutôt celui de *Charlotte-Ulrique de Prusse*, devenue *duchesse d'York*.

La miniature de Hall, d'une importance capitale, vient de la vente Mülbacher, où elle atteignit le plus haut prix auquel fût jamais montée une œuvre de ce genre, *plus de 30,000 francs*. De même, le portrait de *Mme la comtesse Hellinger*, née O'Dune, femme de l'ambassadeur de France en Portugal, qui figure dans cette Exposition, a obtenu une des plus grosses enchères connues : *28,200 francs!!!*

La miniature du *comte d'Artois* (plus tard Charles X) est une des mieux réussies, ainsi que celle de *M. de Calonne*, faite vers 1788. Le portrait de *M. Campan*, bibliothécaire de la reine Marie-Antoinette, signé HALL et daté de 1789, est encore dans son cadre d'origine. Sur une boîte ronde est peint *Gilles Demarteau*, le graveur en manière de crayon; né à Liège, cet excellent graveur mourut à Paris en 1788.

En buste, sur un fond de verdure, est le portrait de *Mme Marie-Suzanne Doucet de Suriny*, femme de Cyprien Renouard de Bussières, seigneur du marquisat de Roche, en Franche-Comté. Au revers sont des vers de la main de son mari, mort en 1794.

Le portrait du roi de Suède, *Gustave III*, peint en France au passage du roi, en 1784, ne paraît pas concorder avec les portraits connus de ce prince.

Les miniatures de *Mme Hall*, née Gobin, femme du peintre; d'*Adèle Hall*, dans un paysage, et d'*Adolphe Hall*, fils du peintre, tenant un king's-charles, sont très intéressantes, ainsi que celle de la *comtesse de La Serre*, belle-sœur de Hall; celle-ci, sur un fond de verdure, tient également un chien.

Le portrait du *bailli de Suffren Saint-Tropez* (Pierre-André), vice-amiral[1], peint par Hall en 1780, avant sa célèbre campagne de l'Inde, le montre moins gros que dans les por.traits connus faits postérieurement; cette miniature est d'un intérêt complètement historique et mérite à tous égards d'être signalée, car Hall se distinguait par la ressemblance de ses modèles.

Le médaillon de l'infortunée *princesse de Lamballe*, les cheveux coiffés à la reine, la poitrine couverte d'une robe de linon, et celui d'une *Femme de qualité*, enfermé dans un bijou, deux œuvres d'une délicatesse exquise, termineront la rapide étude consacrée à cet artiste aussi distingué que fécond.

IV

GUÉRIN (Jean), né à Strasbourg en 1760, mort à Obernay (Alsace) en 1836, a été un des miniaturistes les plus recherchés de son époque; il fut le compagnon d'Isabey dans l'atelier de Louis David. Ses œuvres furent surtout appréciées à la cour : il fit les portraits du roi, de la reine et de plusieurs célébrités de l'Assemblée nationale; des portraits d'hommes, ce n'était pas précisément pour plaire beaucoup; au Salon de 1798, il exposa celui de *Kléber*, aujourd'hui au Louvre, minia-

---

[1] *Le Bailli de Suffren,* documents inédits, par Gustave Labat. Bordeaux, Feret et fils; impr. G. Gounouilhou, 1901.

ture sur ivoire de grande dimension. Guérin a fait plusieurs copies de cette œuvre magnifique, dont une figure à la présente Exposition.

Ses portraits de femmes, fort rares, sont très recherchés et par suite très disputés dans les ventes ; le plus beau que je connaisse est chez M. le baron Daniel Guestier, à Bordeaux.

Guérin rivalisa avec Isabey et Augustin, ses contemporains.

Le portrait de la *vicomtesse Rénouard de Bussières*, née baronne Frédérique de Franck, dans un médaillon ovale, est fort beau (1792).

Sur la même ligne, je place une miniature bien attrayante, le portrait d'une *Jeune femme du Directoire,* coiffée d'une marmotte de foulard rouge, les cheveux noirs épars et le sein nu (1795).

L'*impératrice Joséphine*, en buste, vêtue du grand costume de cour, est une des plus belles pièces de l'Exposition.

Un *Jeune homme* et une *Jeune femme* dans un parc, en costume de 1790 (environ). Médaillon ovale incrusté sur une boîte ; fort jolie pièce, signée GUÉRIN.

*M*me *X...*, avec un voile de dentelle blanche et un corsage décolleté de la même couleur : peinture en tous points charmante.

Le portrait d'un personnage de l'époque révolutionnaire, médaillon ovale, signé GUÉRIN, et celui d'un homme d'une cinquantaine d'années, portant des cheveux gris et longs, des boucles d'oreilles et un costume de préfet (1805), sont également de fort beaux spécimens de l'œuvre de ce peintre distingué.

V

DUMONT (François). Encore un des grands miniaturistes de la fin du xvIII[e] siècle ; venu de Lorraine, comme Isabey et Augustin, il était l'aîné de la pléiade, étant né à Lunéville en 1751 ; resté orphelin avec six frères et sœurs, il vint à Paris pour s'y créer des ressources urgentes. Dès l'année de son arrivée, en 1769, il s'était trouvé de menues besognes de portraits et, grâce à l'appui d'une compatriote, Mme Valayer-Coster, alors académicienne, il se tira vite d'affaires ; il alla à Rome en 1784 et se perfectionna dans son art au point de devenir le miniaturiste attitré de la Cour et l'artiste le plus réputé dans *« le petit genre du portrait-mignard »*. En 1788, à trente-sept ans, il entrait à l'Académie, et en 1789 il épousait Nicole Vestier, fille du célèbre Antoine Vestier. Le roi lui donna au Louvre l'appartement de Cochin. De 1789 à 1824, François Dumont occupa une place prépondérante dans les salons de peinture, cependant Isabey et Augustin l'éclipsèrent un peu après la Révolution.

Ses œuvres ont une liberté et un osé des plus modernes ; il procède par touches larges, mais on lui reproche certaines lourdeurs. Il est représenté au Louvre grâce à la libéralité des héritiers de son fils Bias.

Son portrait, médaillon rond, et le portrait de *Marie-Antoinette* (¹) vers 1774 sont de fort intéressantes pièces, celui de Marie-Antoinette notamment, qui est loin de ressembler à ce qu'était la reine dix ans après ; ce dernier, médaillon ovale, est sur une boîte.

La miniature de Mme *Anne-Agathe Isnard*, femme du peintre François Lagrenée, est datée de Rome, 1784.

Celle de *Mme Joseph Vernet*, née Parker, de face, en robe grise, délicate peinture faite à Rome et signée ; une du célèbre artiste, son mari, en habit rouge, qui, exécutée à Rome également, est bien, quoique non signée, de Dumont ; j'en dirai autant du portrait de *M. Parker*, père de Mme Joseph Vernet.

Le médaillon d'une jeune femme en chemisette flottante sur les revers du corsage, qu'on appelle *Mme de Saint-Phar* (?) ; il est incrusté sur une boîte d'écaille et or et daté de 1792 ; le portrait d'une dame en costume de Sapho, *Mme de Saint-*

(¹) On peut répéter pour ce portrait de Marie-Antoinette que peignit Dumont en 1774 ce qui a été dit pour le portrait de la même princesse peint en 1773 par Drouais (gravé par Cathelin) et reproduit en gobelin par Cozette en 1774 pour M. de Beaujon, qu'il est difficile *de reconnaître, dans la toute jeune femme peinte par ces deux artistes distingués, la reine de dix ans plus tard* dans l'épanouissement et l'éclat de sa beauté.

(Nicolas Beaujon et les Tableaux de la Chambre de Commerce de Bordeaux, par Gustave Labat Bordeaux, Gounouilhou, 1902.)

Just, née Godard d'Amécourt (1795), arrêtent le regard par
leur exquise délicatesse.

L'architecte Vaudoyer, depuis membre de l'Institut, miniature sur ivoire, signée : Dumont l'an I, et *Mme Vaudoyer*, née
Lagrenée, peinture signée : Dumont l'an VII, sont deux fort
belles pièces.

Il y a dans cette remarquable Exposition vraisemblablement
des œuvres qui échappent à l'attention, car chaque visite pro-
cure de nouvelles révélations.

Le portrait d'une *Jeune femme dans un parc*, tenant des
roses et se dirigeant à gauche, en est une. Cette miniature est
inspirée de la Marie-Antoinette de Mme Vigée-Lebrun ; elle
est signée.

Le portrait d'un homme de lettres ou d'un homme d'État
assis à sa table de travail et tenant un mémoire *(le comte de
Montmorin)* exposé en 1789. Cette miniature ronde est signée
de 1786 ; elle est fort belle.

Une *Dame en costume de bergère Louis XVI*, chapeau de
paille et corsage serré, montrant la statue de l'Amour à sa fille,
signée : Dumont, 1787.

Sur une boîte ronde, une *Dame en costume de matin*,
appuyée sur un autel de l'Amour dans un parc (1788).

Toutes les pièces exposées de cet artiste distingué donnent
sans exception une idée bien exacte du costume féminin dans
les dernières années du xviiie siècle et sont autant de documents précieux et indéniables.

VI

LAWREINCE (Nicolas Lanfransen dit), né à Stockholm
en 1737, mort en 1807. Il étudia en Suède et vint en France à
trente ans ; ce n'est pas un produit originaire de l'école fran-
çaise. On le devine à certaines faiblesses et aussi à l'accent un
peu outré de ces petites histoires lestes : la plupart des gouaches de cet artiste ont été gravées en couleur et en noir ; il
mourut à Stockholm au moment où son genre de peinture
était tombé dans le plus complet discrédit, comme, du reste,

celui des Boucher, des Baudouin, des Fragonard et autres, qu'on appelle, non sans raison, les polissons de l'art.

Par un retour qui semblé assez justifié (dans une certaine mesure cependant), ces œuvres légères et frivoles sont de nos jours rentrées en grande faveur et recherchées des amateurs et collectionneurs, car on y trouve, à côté de leur valeur artistique indiscutable, des documents authentiques du costume et des habitudes de nos prédécesseurs du XVIIIe siècle ; il ne faut donc pas être trop étonné des prix souvent exagérés auxquels, dans les ventes publiques, sont adjugées les spirituelles créations de ces maîtres et les gravures en couleur qui les reproduisent.

La liquidation du cabinet Crosnier et autres ventes de la fin de l'année passée en fournissent la preuve évidente ; mais je reviens à Lawreince.

Dame assise dans un parc (Nina ou les Ennuis de l'absence), miniature ronde, sur une boîte d'écaille et or.

Jeune femme à sa toilette intime, connue sous le nom de l'*Indiscret*, miniature ronde sur une boîte d'écaille et or.

Cavalier et Dame faisant de la musique, connue sous le nom de l'*Accord parfait*, miniature ronde sur une boîte.

La Marchande à la toilette, gouache sur papier.

Le Déjeuner en tête à tête, gouache sur papier, signée. Cette pièce a été gravée en couleurs par Janinet.

Le Serin chéri, gouache sur papier, gravée en couleurs par Mixelle et par Denangle.

Jamais d'accord ! gouache sur papier, gravée par Denangle.

L'Ecole de danse, gouache sur papier, gravée par Dequevauvillers.

La Partie de parc, gouache ronde sur une boîte en écaille, piquée d'or.

Portrait présumé de la *comtesse Du Barry ;* elle est dans un paysage et porte un chapeau de paille à larges ailes couvert de plumes ; miniature ovale.

Autre portrait de *Dame au corsage violet* et rubans verts, cheveux poudrés, chapeau de paille à fleurs, roses au corsage ; miniature ovale sur boîte d'écaille et or, signée Lawreince.

Et tout cela conservé dans la plus étonnante fraîcheur.

VII

FRAGONARD (Jean-Honoré), né à Cannes en 1734, mort à Paris en 1806.

Ce n'est pas un miniaturiste dans l'acception du mot, mais cet habile artiste a touché à tous les genres de peinture avec succès. Il eut pour maîtres Carl Van Loo, Chardin et Boucher; il obtint le prix de Rome et alla continuer ses études dans la Ville éternelle.

On raconte que lorsqu'il partit, François Boucher, qui avait compris la tendance particulière de son brillant élève pour les compositions légères, lui fit cette singulière recommandation : « *Si tu étudies les grands maîtres, mon pauvre Frago, tu es perdu; la grande peinture n'est pas ton fait.* » Boucher avait touché juste.

L'artiste auquel nous devons les *Hasards heureux de l'escarpolette*, le *Verrou*, le *Serment d'amour* et tant d'autres créations charmantes, resta ce que l'avait jugé Boucher, dont il suivit le conseil : un peintre de son temps et un artiste essentiellement français. Les tableaux de ce maître atteignent aujourd'hui des prix que je ne crains pas d'appeler « insensés »; on l'a vu en décembre 1905 à la vente Crosnier, où le *Billet doux*, portrait d'une jeune femme trouvant une lettre dans un bouquet, toile de 0ᵐ83 sur 0ᵐ67, a atteint 420,000 francs! C'est un chef-d'œuvre de Fragonard; mais quel prix, mon Dieu! Et dire que l'artiste, ruiné par la Révolution et le discrédit de ses œuvres, mourut vieux et pauvre en 1806?

Le *Portrait d'enfant* et celui de *Deux jeunes filles*, l'une en corsage bleu et l'autre tenant un oiseau, miniatures rondes, la dernière sur une boîte écaille et or, sont enlevés avec la virtuosité d'Honoré Fragonard : deux ravissantes miniatures.

3

VIII

BAUDOUIN (Pierre-Antoine), né à Paris en 1723, mort également à Paris en 1769.

Cet habile peintre à la gouache eut pour maître François Boucher, dont il épousa la fille cadette en 1758; il fit d'abord de la grande peinture, mais il abandonna bientôt ce genre pour se donner exclusivement à la gouache, où il excellait.

Ses compositions, toujours spirituelles, sont généralement un peu trop licencieuses. Baudouin était bien le peintre de sa génération.

Il avait la science du costume et de l'ameublement, aussi ses gouaches sont-elles recherchées autant pour l'habileté de leur faire et leur sujet que pour les documents précieux qu'elles offrent.

Qui pourrait penser que le peintre du *Coucher de la mariée,* de l'*Epouse indiscrète,* du *Modèle honnête,* du *Confessionnal* et de tant d'autres compositions plus que légères, a peint pour le roi Louis XV les merveilleux feuillets du livre des Évangiles et des Épîtres qui figure à cette Exposition de la Bibliothèque nationale?

Baudouin mourut à quarante-six ans, épuisé par le travail et les plaisirs. L'influence de François Boucher l'avait fait admettre à l'Académie en 1763.

Il paraît singulier de parler, à propos de cet épicurien, de l'art des miniaturistes du moyen âge. Eh bien! c'est dans cette brillante Exposition celui qui offre, dans le superbe missel de Versailles que je viens de citer, un rapprochement sensible avec les peintures du bordelais Petrus de Abbate et autres imagiers du xve siècle!

Diane blessée par l'amour, miniature ronde exécutée pour le Dauphin, fils de Louis XV.

Le *Sommeil de Vénus* et la *Messagère d'Amour,* gouaches d'après François Boucher.

Enfin, les merveilleuses miniatures gouachées du *Missel de la chapelle de Versailles*, du dépôt des manuscrits de la Bibliothèque nationale.

IX

BOUCHER (**François**) (1703-1770). L'habile et fécond artiste n'a pas besoin de note biographique, il est assez connu de tous ceux qui s'intéressent à l'art.

Jupiter et Antiope est une superbe gouache d'une exécution et d'une conservation remarquables, signée F. BOUCHER.

X

MOREAU le Jeune (**J. M.**) (1741-1814). La famille Delaroche-Vernet a prêté aux organisateurs de cette belle Exposition, avec les portraits de Joseph Vernet, de sa femme et de son beau-père, deux délicieux dessins rehaussés d'aquarelles de ce célèbre artiste, père de Mme Carle Vernet.

Le premier, *La petite loge*, représente une danseuse à la mode pirouettant dans la loge d'un grand seigneur. Le deuxième, *Oui ou non?* montre un jeune gentilhomme, suppliant, presque à genoux, une séduisante marquise, qui hésite à répondre à ses vœux. Ces deux dessins, d'une conservation admirable, ont été gravés dans l'œuvre de Moreau le Jeune.

XI

Il serait bien injuste, après avoir analysé les œuvres des grands maîtres de la miniature, de laisser dans l'oubli celles de la pléiade qui, pour être plus modestes, n'en offrent pas moins un ensemble fort intéressant.

Voici, par ordre alphabétique, les artistes dont j'ai remarqué les ouvrages :

AUBRY (Louis-François) (1767-1851). Un Parisien ; élève de Vincent et plus tard d'Isabey, il fit honneur à ses maîtres.

Portrait de l'*actrice Belmond* dans « Fanchon la vielleuse » (grande miniature, 1803), signé.

BERTRAND (Vincent) (né en 1770). Il fut dessinateur du duc d'Angoulême.

Sa miniature de *Vivant Denon* est fort belle. Médaillon ovale signé.

BOURGEOIS (Charles-Guillaume-Alexandre) (1759-1832). C'est un des miniaturistes les plus personnels ; il exécutait à l'ordinaire des portraits de profil, sur fond noir, et leur donnait une intensité de vie remarquable.

Ceux de l'*amiral René-Georges de Pléville. Le Peley*, miniature ronde sur une boîte signée BOURGEOIS, et d'une *Jeune fille*, également sur une boîte et signée BOURGEOIS, 1807, sont tous deux fort remarquables.

BOZE (Joseph) (1746-1831). Excellent dessinateur, fit les portraits de Louis XVI et de sa famille ; à la Restauration fut nommé peintre de la famille royale.

Portrait du *maréchal de Ségur* (Philippe-Henri, marquis de Ségur, mort en 1801), dans un cadre doré, fort belle pièce.

CAMPANA (François), peintre du cabinet de Marie-Antoinette.

Il a trois miniatures très jolies : deux *portraits de la Reine :* un en costume de cheval, les cheveux ébouriffés, la cravache à la main, sur une boîte ; l'autre en belle-fermière, sur une boîte en cristal de roche, ornée de perles. La troisième est *Mlle Oliva*, de l'affaire du Collier de la Reine.

CAPET (Marie-Gabrielle) (1761-1818). Elle était élève de Mme Vincent. Une de ses miniatures, la *princesse de Caraman-Chimay*, datée de 1791, s'est vendue 3,000 francs en 1877.

Le portrait de femme portant une toque et un corsage ouvert, fort belle pièce, est celui de *Mme Vincent* (1803).

De même la miniature représentant *M. Vincent*, peintre d'histoire, et le portrait de *Madame Royale*, fille de Louis XVI, en 1792, miniature ronde sur une boîte.

CARMONTELLE (Louis Carrogis de) (1717-1806), dessinateur amateur.

Complaisant de la maison d'Orléans, il *croqua au vol* avec assez d'habileté tous les personnages qui passèrent dans cette accueillante maison. Le duc d'Aumale, à Chantilly, conservait les dessins de cet amateur distingué.

Le portrait de *Mme de la Combe* jouant au « Trou Madame » avec son fils est une aquarelle gouachée (1770). Le mari figure dans la collection de Chantilly.

CARRIERA (Rosa-Alba, dite ROSALBA) (1675-1757).

Femme peintre qui eut de son vivant une réputation univer-selle ; elle avait beaucoup d'esprit, elle faisait du pastel et de la miniature. Elle mourut à Venise, où elle était née.

Le portrait de l'auteur et celui de la *princesse Grimaldi*, sont fort intéressants.

CHARLIER (Jacques) (1720-1779?). Il a eu dans son

temps une vogue qui n'a point diminué de nos jours ; il a décoré un nombre infini de boîtes sur lesquelles il faisait des copies minuscules de François Boucher. Le comte de Caylus et le prince de Conti en possédaient un grand nombre.

Les *Nymphes endormies* (gouache), *Bacchante endormie* (miniature sur ivoire), *Vénus et l'Amour* (miniature sur ivoire) de cette Exposition, sont des spécimens de ses produc-tions élégantes et fines, très recherchées de nos jours.

COSWAY (Richard) (1740-1821). Le plus grand miniatu-

riste de l'école anglaise. Il étudia à l'atelier de Hudson ; pour vivre, il peignit d'abord des boîtes, des éventails et des bonbon-nières. La protection du prince de Galles aida à sa réputation ; il entra à la Royal Academy en 1771.

La *comtesse de Portsmouth* et la *duchesse de Lancastre*, sont deux miniatures ovales fort jolies.

COTEAU, émailleur, qui travailla pour Elisa Bonaparte ; il habitait à Paris, rue Poupée, 9.

Voltaire à Ferney, émail ovale, ébauché, très curieux ; il est sur une boîte d'écaille cerclée en or.

DAGOTY (N.), membre de la famille des graveurs de ce nom installé à Bordeaux [1].

Portrait de *M. du Bousquet* (1810), miniature ronde, assez ordinaire de faire.

DEBUCOURT (Louis-Philibert) (1755-1832), habile graveur.

Portrait de *Louise Marquant,* sa seconde femme, dessin à la pierre noire relevé d'aquarelle et de gouache (très curieux).

DOUCET DE SURINY (la citoyenne J.). Son talent très réel lui donne un bon rang dans les miniaturistes de la Révolution. Portrait d'un *Homme coiffé d'un chapeau de haute forme* du Directoire ; miniature ovale signée J.-D. SURINY.

DROUAIS (les) père et fils. — HUBERT Drouais père, originaire de Normandie, était né en 1699 et mourut à Paris en 1767. Il excella dans la miniature sur carton ; très habile, il était un digne rival de Baudouin qu'il surpassa dans le portrait. — Le fils (FRANÇOIS-HUBERT), né en 1727 et mort en 1775, a fait peu de miniatures. On lui attribue celle de *Buffon.* Le célébre savant est représenté en veste rouge à brandebourgs d'or. Miniature ronde.

Jean-Paul-Timoléon de Cossé-Brissac, maréchal de France, miniature ronde.

Portrait de *François Boucher,* peintre, miniature ronde.

François, marquis de Beauharnais, chef d'escadre, gouverneur de la Martinique, et sa femme, *Marie-Anne-Henriette Pivart de Chastelet,* père et mère d'Alexandre, mari de Joséphine Tascher de la Pagerie, depuis impératrice des Français ; médaillon rectangulaire non signé.

DUCHESNE DE GISORS (1770-1855). Élève de Vincent, fit des miniatures et des émaux. A continué la collection des émaux de Petitot, sous Louis-Philippe.

[1] Voir plus loin, aux miniatures de Bordeaux, p. 35.

Portrait du *baron Corvisart*, en 1819; émail signé : DUCHESNE, 1819.

ENFANTIN. On le dit père du célèbre Augustin Enfantin, né en 1793.

Portrait d'une *Femme en cheveux poudrés* ornés d'un ruban rouge. Charmante miniature sur une boîte d'écaille et or, signée : ENFANTIN, 1789.

GÉRARD (Marguerite) (1761). Belle-sœur et élève de Fragonard, son Égérie; née à Grasse en 1761, elle imita son beau-frère en tout.

Portrait de *Femme en corsage jaune*, décolletée, cheveux noirs sur le front, miniature signée : M. G. D.

Les *Joies de la maternité*, d'après Fragonard (1780), miniature ronde.

GIGOLA (Jean-Baptiste) (1770-1821), né à Venise. Il étudia à Milan. Un peu froid, mais coloriste.

Portrait du prince *Eugène de Beauharnais* en grand costume de vice-roi, en pied; grande miniature signée : GIGOLA, à Milan, 1805.

HOLMÈS (James) (1777-1860), un des miniaturistes les plus célèbres de l'école anglaise.

Portrait d'une *Jeune femme dans un parc* (1815); miniature signée : HOLMÈS.

HONE (Horace) (1755-1825), fils du célèbre Hone, miniaturiste anglais, membre de la Royal Academy de 1775 à 1823. Il exposa plus de cent cinquante-huit miniatures. Il fut peintre du prince de Galles.

Portrait d'un *Personnage anglais en cheveux poudrés et habit noir*, miniature ovale signée : H. H., 1797.

HOIN (Claude-Jean-Baptiste) (1750-1817). Il mourut à Dijon où il était conservateur du Musée.

Portrait de l'artiste par lui-même, miniature ovale.

LABILLE - GUIARD (Adélaïde), femme du peintre Vincent (1749-1803). Elle avait un grand talent. Veuve d'un premier mari, Guiard, elle épousa son maître, Vincent, en seconds noces. Elle fut peintre de Mesdames de France, tantes de Louis XVI.

Portrait de *M*^{me} *Adélaïde,* fille de Louis XV ; miniature ronde sur une boîte montée en or.

KLINGSTEDTT (Claude-Gustave, dit CLINCHETET) (1657-1734). Né à Riga, il vint en France comme Hall, Lawreince et tant d'autres étrangers. Il peignait avec talent. des sujets libertins sur des boîtes, à l'encre de Chine rehaussée de jaune ; on le nomma le *Raphaël des Tabatières.* Il mourut à Paris dans la misère noire.

Léda et le Cygne, d'après Julio Pippi, grisaille teintée, ovale en largeur, sur une boîte en écaille et or.

LAURENT (Jean-Antoine) (1763-1832). Un de ces artistes oubliés, qui avait vécu au loin, et cependant il avait un talent réel ; dans une critique du Salon, en l'an X, on le compare à Dumont. Il mourut dans un parfait oubli, conservateur du Musée de Baccarat. La manière de Laurent le rapproche d'Ingres.

Portrait de *M*^{me} *Mazuel, née de Saint-Albin,* fille du comte de Saint-Albin et de Catherine de la Sablière ; elle est assise dans un parc et porte une robe bleue à la grecque. Grande miniature, ovale en large, signée LAURENT.

LE TELLIER (1755) était un peintre en émail qui exécutait avec beaucoup de talent des portraits de Marie-Antoinette pour les orfèvres à la mode, qui les montaient sur des boîtes ; on lui payait 15 louis, soit 360 livres l'original ; les copies 10 louis, soit 240 livres. Il habitait en 1795 rue de Cléry, 8.

Portrait d'une *Jeune femme* avec une haute coiffure ornée de roses ; elle porte un corsage décolleté et un fichu menteur (1790). Gouache sur papier signée à droite LE TELLIER.

Scène d'un théâtre de société à l'hôtel d'Aiguillon (1775), où l'on voit le duc d'Aiguillon en Crispin ; la marquise de Chabrillan, née Richelieu-Aiguillon, la duchesse de Mazarin et Mme de la Musandière dans divers rôles. Au fond, un suisse, qui est M. Pesaman, secrétaire du duc d'Aiguillon. Grande miniature rectangulaire sur ivoire signée à droite LE TELLIER.

LUSSE (de). Miniaturiste du Palais-Royal, non sans valeur, qui travaillait aux approches de la Révolution.

Portraits de *Deux jeunes femmes*, dont l'une porte un bonnet ; elles sont enlacées pour danser (1793). Charmante et fine peinture sur une boîte d'écaille et or, signée : DE LUSSE *pinxit*.

MALLET (Jean-Baptiste) (1759-1835), né à Grasse, pays de Fragonard. Il étudia à Toulon ; il fut une sorte de Boilly plus mince, un Prud'hon étroit ; sous la Révolution, il exécuta des gouaches qui rappellent Debucourt.

La *Visite* et le *Billet doux*, gouaches ; la *Toilette*, la *Visite*, le *Baiser*, gouaches : cinq pièces fort jolies de ce genre revenu à la mode et très prisé par les amateurs de nos jours.

MOREAU (Louis, dit l'Aîné) (1740-1806).

Gouache représentant le *Feu d'artifice* sur la place Louis-XV, le jour du mariage du Dauphin, futur Louis XVI, avant la catastrophe qui marqua cette fête, sur une boîte d'écaille.

Un dessin représentant un *Parc* dans le genre des jardins des financiers du XVIIIe siècle : au premier plan, un vieux seigneur jouant du violon à côté d'une jeune femme : *Douberval* et *la Guimard*, aquarelle gouachée.

MOSNIER (Jean-Laurent) (1746-1795), habile miniaturiste, dont les œuvres rarissimes sont estimées à l'égal de celles d'Augustin et de Dumont. Il était né à Paris en 1746 et y mourut en 1795. Ses étoffes, traitées à la gouache, ont un brillant et un fini du meilleur goût.

Portrait de *Marie-Paule-Angélique d'Albert de Luynes, duchesse de Chaulnes*. Elle est assise devant sa toilette ; elle mourut le 17 novembre 1781. Miniature ronde signée : MOSNIER.

Portrait de *Mme de Fitz-James*, à sa toilette, en grand costume, dans la pose de celui de la duchesse de Chaulnes. Miniature ronde signée : MOSNIER, 1781.

NOIRETERRE (Mlle de) (17..). C'était une miniaturiste d'un très grand talent, peintre de l'Académie des Arts de Londres ; elle habitait rue Mazarine, 5, à Paris. Elle exposa en 1786, 1787, 1791 et 1803.

Portrait d'un bourgeois en habit noir et perruque poudrée, *Ducroy-Duminil,* professeur de musique. Miniature ronde signée : DE NOIRETERRE, 1787.

PÉRIN (Louis-Lié) (1753-1817), né à Reims en 1753. Il fut de la pléiade des miniaturistes de la fin du xviiie siècle; il fit de la miniature pour vivre et prit des leçons de Sicardi à *24 livres* le cachet. Ruiné par les assignats en 1799, il revint à Reims.

Portrait de *M{lle} Férey,* fille du capitaine des grenadiers de la garde de Louis XVI et sœur du général de division baron Férey, dont le nom est inscrit sur l'Arc de triomphe. Miniature ronde signée PÉRIN.

Portrait d'*Homme en habit foncé et revers de gilet jaune.* Miniature ronde sur une boîte, signée PÉRIN.

PLYMER (Andrew) (1763-1837), miniaturiste anglais, mort à Brighton en 1837. Il appartint à la Royal Academy.

Portrait d'un *Officier de l'armée anglaise* (1795). Miniature ovale signée PLYMER.

PRUD'HON (Pierre-Paul) (1760-1823).

Ce grand peintre a fait très peu de miniatures; celle de cette Exposition est d'autant plus remarquable qu'elle rappelle la mort dramatique de Mlle Mayer, *amie* de Prud'hon, qui se coupa la gorge avec un rasoir de l'artiste; celui-ci en mourut de chagrin peu de temps après.

Portrait de *M{lle} Constance Mayer,* peintre, élève de Prud'hon. Miniature d'une solidité de faire et d'une habileté exceptionnelles; elle est octogone dans un médaillon rond et soutenue par deux femmes à vêtements blancs, drapées à l'antique. C'est une pièce fort belle.

REYNOLDS (sir Joshua). Le grand peintre anglais n'était certainement pas un miniaturiste; mais il essaya un peu de tous les procédés de peinture.

Portrait d'*Ann Montgomery,* marquise de Townshend, debout dans un paysage; elle est vêtue d'une robe blanche avec ceinture rouge. Très curieuse gouache.

SICARDI (Luc) (1746-1825). C'est un des meilleurs miniaturistes du temps de Louis XVI. Né à Avignon en 1746, *il fut reçu de l'Académie de Bordeaux* en 1771 ; il exécutait surtout les portraits du roi, de la reine et des princes destinés aux boîtes de dons, ciselées par le célèbre Solle ; de 1781 à 1784, il fournit les miniatures de diverses boîtes ; il recevait 300 livres pour chacune.

Portrait de *Louis XVI*, miniature signée : SICARDI, 1783.

Portrait de *Marie-Antoinette*, miniature signée : SICARDI.

Portrait de *Mlle Sicardi*, miniature signée : SICARDI, 1785.

Portrait de *Benoît Boulenard* (1781-1803), fils du directeur des Consulats au ministère des relations extérieures (1795), et de sa cousine *Françoise du Plain de Saint-Albin*, fille du conseiller du roi de ce nom et son maître d'hôtel, guillotiné en 1794. Très belle pièce signée : SICARDI, 1796.

TAUNAY (Nicolas-Antoine), mort en 1830. Ce peintre a été un rival sérieux de Debucourt ; il fut de l'Institut.

La *Foire de village*, de la Bibliothèque nationale, est le charmant dessin original, rehaussé d'aquarelle, qu'a vulgarisé la belle gravure de Descourtis, signée : TAUNAY. Les épreuves de cette gravure sont rares et très prisées.

VERNET (Carle), fils du célèbre peintre de marines, Joseph Vernet et de Virginie Parker, d'origine anglaise, dont la famille était établie à Rome ; né à Bordeaux en 1758, mort à Paris en novembre 1835.

« Mon plus grand mérite, disait le spirituel artiste, est d'être le fils de mon père, Joseph, et le père de mon fils, Horace. » Celui-ci était aussi brusque que Carle était aimable. « C'est bien dommage, Horace, que tu n'aies pas eu de fils pour continuer *notre dynastie,* disait quelquefois le sympathique vieillard. — Tant mieux, répondait le peintre de batailles, c'eût été un imbécile !... — Cependant, murmurait le pauvre Carle, je ne crois pas qu'il y en ait eu beaucoup dans notre famille. »

Ses dernières paroles résument toute sa vie : « C'est curieux, dit-il, comme je ressemble au grand Dauphin : *Fils de Roi, père de Roi, et jamais Roi.* » Il s'endormit et ne parla plus. « Il est mort en homme qui avait su vivre, » ajoute Charles Blanc dans sa biographie.

Carle a touché avec talent à tous les genres de peinture, mais a fait peu de miniatures.

Le *Château de Cartes*, exposé, représente les enfants de la famille de Louis Bonaparte. Cette *intéressante* pièce, signée C. Vernet, est datée de 1806.

VESTIER (Antoine) (1740-1810), un des aînés de la pléiade, né à Avallon en 1740. Il fut académicien en 1786.

Vestier n'a pas l'éclat du brillant coloris de certains de ses confrères, mais les égale par la science du dessin et la vérité des expressions. Il mourut en 1810. Il était le beau-père de Dumont (je l'ai dit à l'article de ce peintre), qui avait épousé sa fille Nicole en 1789.

Portrait de *Mlle Chon (Fanchon)*, plus tard *Mme de Fouga*, belle-sœur de Mme du Barry, par Vestier, peintre du roi (1780). Miniature ronde.

Portrait de la *duchesse de Polignac*, miniature ovale sur une boîte écaille et or.

Hercule aux pieds d'Omphale, d'après Boucher. Miniature ronde signée Vestier.

VIGÉE LE BRUN (Élisabeth-Louise) (1755-1842). Cette artiste, justement célèbre, est trop connue pour avoir besoin d'une notice plus longue ; elle fit de la miniature, surtout dans la seconde partie de sa carrière.

Portrait de la *princesse Potemki;* elle est assise et croise les mains sur son genou. Miniature ronde.

Portrait de l'artiste vers 1795; miniature ovale sur une boîte ronde.

VILLENEUVE (Claude-François-Henri Petit de) (1760-1824).

Composition montrant les *Trois Grâces* qui apportent un médaillon de femme à l'autel de l'Amour. Du côté opposé, Minerve présente le médaillon d'un homme. Dans le ciel, Vénus et le char du Soleil. Fixée sur verre, signée : D. Ville-neuve, 1786.

On a peine à croire que l'auteur de ce tableau pimpant soit celui des caricatures publiées sous ce nom pendant la Révolution.

VIOLET (**Pierre**) (1749 - 1819). Miniaturiste des rois
Louis XV et Louis XVI, auteur d'un traité fort estimé sur la
miniature. Il avait une grande habileté de main.

Portrait de la reine *Marie-Antoinette,* en peignoir (il a été
gravé par Bartolozzi à Londres); miniature ovale sur une boîte.
Son portrait par lui-même, grande miniature (1789).

WELPER (**J.-Daniel**) (1700-1789?).
Professeur de *Mesdames filles de Louis XV.* On payait
10 louis (240 livres) ses miniatures, destinées à des cadeaux.

Portraits de *Mesdames,* en costumes travestis (1758).
A gauche, Mme Henriette, en magicienne; au milieu, Mme Louise,
en Terpsichore; à droite, Mme Sophie, en pèlerine. Pièce en
ovale oblong, signée: WELPER, 1758.

WEYLER (**Jean-Baptiste**) (1745-1791). Émailliste et
miniaturiste; né à Strasbourg en 1745, mort à Paris en 1791.
Académicien en 1779. On lui doit le beau portrait de
M. d'Angivilliers qui est au Louvre.

François de Troy, peintre, directeur de l'Académie de
France à Rome (1787). Émail ovale signé WEYLER.

A ces nombreuses et belles miniatures il faut joindre
celles de l'importante et riche collection Pierpont-Morgan,
exclusivement composée d'une cinquantaine de pièces
des principaux maîtres de l'École anglaise : œuvres fines,
claires et élégantes, d'une grande tenue; l'absence de
catalogue me prive malheureusement d'en donner mon
appréciation détaillée.

XII

L'étude à laquelle je me suis livré des miniatures qui m'ont particulièrement frappé dans cette remarquable Exposition, m'a fait tout naturellement songer aux richesses du même genre dont je connais l'existence à Bordeaux.

L'opulente société bordelaise du xviiie siècle, du Directoire, de l'Empire et de la Restauration prisait beaucoup ce mode de peinture, et il n'y a pas une famille du vieux Bordeaux chez laquelle on n'en trouvât des spécimens, quelques-uns fort curieux à bien des titres.

Il y aurait certainement là, en les groupant, les éléments intéressants d'une exposition, qui ferait revivre et connaître les traits d'anciennes notabilités bordelaises : directeurs du commerce de Guyenne, maires, jurats, grands négociants presque ignorés de la génération nouvelle, qui ont leur place dans l'histoire de notre ville. Ce serait l'occasion aussi de rappeler les noms des artistes distingués qui ont peint ces portraits : les Isabey, Augustin et autres moins connus : Lacour père, Dagoty, Boccia, Tinot, Gustave de Galard, Bazire, Bosset, etc.

Je voudrais que ce désir d'un vieux Bordelais fût entendu de mes compatriotes et se réalisât un jour.

Voici, en attendant, un aperçu de l'intérêt tout local qu'offrirait une semblable exposition ; je la prends dans mes notes et dans d'amicales communications.

Dans la famille FERRIÈRE.

PORTRAITS

Mme Anne-Thérèse O'QUIN, épouse de SENTOUT. Jolie miniature ronde, sans nom d'auteur. Le costume élégant et riche et la coiffure haute à plumes semblent indiquer la mode de 1780.

Stanislas FERRIÈRE. Bonne miniature ronde, signée : Bazire ; elle est de l'époque du Directoire.

Patrice FERRIÈRE. Fort belle miniature ronde, signée : Bussat ; elle est de la même époque que la précédente.

André FERRIÈRE. Miniature ovale, par Bazire. Cette remarquable pièce est à la fois un portrait familial et un document. André Ferrière, avec son chapeau à cornes en bataille, incliné du côté droit, est l'honorable courtier de navires que Pierre Lacour a placé, une rose à la boutonnière, dans son beau tableau du *Port de Bordeaux à la fin du XVIIIe siècle,* que l'on voit au Musée de la ville.

Mme Suzanne FERRIÈRE, fille de Jean Ferrière, jurat, maire de Bordeaux, et de Marie O'Quin, née en 1771, mariée en 1788 à François-Claude-Raymond de Monteil. Charmante miniature ronde de Pierre Lacour, 1789.
Mme de Monteil, de face, en toilette de ville, sans poudre, les cheveux relevés et attachés avec un ruban, est peinte dans son jardin.

François-Claude-Raymond de MONTEIL, seigneur de Réjaumont, son mari. Miniature ronde du même peintre (1789). En habit de couleur claire avec des dentelles, coiffé et poudré à la mode du temps.

O'QUIN. Joli petit médaillon ovale. Il est représenté de trois quarts à droite, en costume de l'époque de Louis XVI, comme le précédent. Cette miniature n'est pas signée.

Stanislas, *Patrice* et *André FERRIÈRE*, dans un même médaillon rond. Les trois frères sont de profil tournés à gauche ; très intéressante peinture ; les costumes rappellent le Directoire. Cette jolie miniature n'est pas signée, mais est sûrement d'un maître habile.

Stanislas FERRIÈRE, coiffé d'un chapeau de haute forme, la chemise ouverte, le col rabattu, en costume d'*homme libre* (les premiers incroyables de la Révolution). Cette curieuse miniature n'est pas signée, mais elle est particulièrement intéressante par son originalité.

Dans la famille DEMAY-GENTY.

PORTRAITS

Jean-François DUCOS (1765-31 octobre 1793). Superbe miniature ronde d'un travail exquis ; elle est signée : Augustin, 1791, c'est tout dire.

Le jeune et infortuné Girondin, fils d'un riche négociant bordelais, s'était livré lui-même pour ne pas se séparer de son beau-frère Boyer-Fonfrède ; il conserva jusqu'à la fin son héroïque gaieté et cria : « Vive la République ! » avant d'être saisi par le bourreau... Il avait vingt-huit ans !! (¹).

« *Ces généreux et dévoués initiateurs de la République,* dit Henri Martin, *avaient eu le génie d'illustrer son berceau.* »

Jeanne-Agathe LAVAUD, femme du précédent. Belle miniature ronde du même temps ; elle n'est pas signée, mais est certainement d'Augustin, dont on retrouve la touche précise et élégante (1791).

(¹) Grâce à l'obligeance de Mᵐᵉ Demay et de son mari, j'ai pu parcourir la correspondance de François Ducos, conservée religieusement par eux ; elle est, en tous points, instructive et intéressante. Des scrupules très respectables s'opposent à sa publication en raison de son caractère intime et privé, aussi me bornerai-je à citer, par exception, la lettre qu'écrivait l'infortuné Girondin, la veille de sa mort, à sa toute jeune femme, où il s'efforce, dans ce moment suprême, de lui cacher l'affreux malheur qui la menace et trouve encore l'occasion d'affirmer les sentiments du plus élevé et plus pur patriotisme.

Cette toute jeune et charmante femme est en toilette claire avec des fleurs dans les cheveux.

Mlle Lavaud était la fille de M. Ad. Lavaud, directeur du commerce de Guyenne en exercice, lorsque, en novembre 1782, le vice-amiral comte d'Estaing fut reçu par la Chambre de commerce de Bordeaux.

Portrait d'une *Jeune et jolie femme,* sœur ou parente de la précédente; elle est en costume décolleté. Miniature fine et soignée dans tous ses détails et d'une conservation parfaite, signée Busset. Cette peinture délicate est sur une bonbonnière de la fin du xviiie siècle.

Jean-Baptiste BOYER-FONFRÈDE le Girondin (1766-31 octobre 1793). Petite miniature dans un médaillon en or, travail bien soigné, signé d'un simple monogramme difficile à lire, mais qui est sûrement l'œuvre d'un maître.

Jean-Baptiste Boyer-Fonfrède, né en 1766, n'avait que vingt-sept ans ! Il avait épousé la sœur de son ami Ducos. Il fut dès 1789 un des chefs de la Révolution dans la Gironde. Fils d'un négociant riche et négociant lui-même, il avait passé ses premières années en Hollande et y avait respiré la vieille tradition des Provinces-Unies.

Mme Joséphine GENTY, sœur de François Ducos. Elle est dans tout l'éclat de sa beauté. Miniature ronde d'un fort joli travail, signée : Dagoty, 1806.

Mme Genty est la grand'mère de Mme Ad. Demay.

Henri DUCOS, frère du Girondin, peint à l'âge de vingt ans, au moment de son retour de Saint-Domingue, où il venait de faire campagne. Miniature ronde non signée, d'un travail qui rappelle la manière de Dagoty.

Henri Ducos se maria avec la veuve de son frère le Girondin, Jeanne-Agathe Lavaud ; il fut en 1848 commissaire du gouvernement de la République à Bordeaux. Il eut deux enfants : une fille, Nanine Ducos, mariée à son cousin Henri Genty, père et mère de Mme Adolphe Demay, et un fils : Léon Ducos, qui se noya en 1860, victime de son dévouement, en voulant sauver le mousse de son yacht de plaisance *Gazelle,* tombé accidentellement dans la Garonne devant Bordeaux.

Henri FONFRÈDE, le grand publiciste (1788-1841). Il est peint tout jeune avec sa sœur Zoé, moins âgée encore que lui, l'un et l'autre enfants de Fonfrède le Girondin. Cette miniature, qui était primitivement montée sur une bonbonnière, n'a pas de signature; mais le travail délicat dénote suffisamment qu'elle est d'un maître de la fin du XVIIIe siècle.

Pierre DEMAY. Miniature ronde d'une bonne facture signée : BERNY, 1835.

Adolphe DEMAY, fils du précédent, jeune élève du collège royal de Bordeaux. Miniature ronde, du même artiste : BERNY, 1835.

C'est le portrait du futur yachtman, le distingué membre et trésorier de la Chambre de commerce de Bordeaux.

Chez M. G. MAUZÉ.

PORTRAIT

Mme MAUZÉ mère. Miniature sur papier, d'une délicatesse exquise. Mme Mauzé, qui avait de vingt-cinq à trente ans, semble, sur ce portrait, sortir d'un nuage transparent de dentelles, arrangement qu'affectionnait l'artiste qui l'a signée, le célèbre ISABEY.

Dans la famille G. L...

PORTRAITS

Charles L... Jolie et grande miniature ovale, sur ivoire, d'une tonalité charmante, de TINOT. Cet artiste, d'un véritable talent, était élève et contemporain d'Isabey, dont il avait pris le faire large et délicat; il a produit beaucoup, notamment une galerie de vingt-cinq portraits de peintres célèbres qui, à l'exception de Joseph Vernet et de Louis David, sont antérieurs au XVIIIe siècle : œuvre essentiellement remarquable où Tinot a affirmé une légèreté de touche presque égale à celle de son maître. Devenu Bordelais d'adoption, Tinot est mort âgé vers 1856, dans une des communes suburbaines de Bordeaux.

Le chevalier Edme de CHASTEAU, secrétaire d'ambassade à Stuttgart (Wurtemberg). Miniature sur ivoire, d'une exécution très fine, de DAGOTY ou d'AGOTY (né à Florence, grand-duché de Toscane, en 1776, mort presque centenaire à Bordeaux, en 1871 ; il était de la famille des Gauthier-Dagoty, graveurs à la manière noire et en couleurs, issus de Gauthier, anatomiste, qui continuèrent les recherches de Le Blon sur l'impression de la gravure en couleurs).

Les deux enfants de M. X... Miniature ovale sur ivoire très intéressante de DAGOTY.

M. X... Peinture sur ivoire non terminée de DAGOTY.

Mlle Héloïse L... Miniature ovale sur papier de BOCCIA, Italien établi à Bordeaux sous la Restauration (1814-1820). La jeune enfant, vêtue de blanc, ses beaux cheveux blonds relevés, regarde en face ; elle est assise et tient un petit chien noir sur les genoux.

Ce Boccia, qui s'intitulait « peintre d'histoire, de tableaux d'église et de portraits en pied et en *migniature* », est l'auteur d'un tableau longtemps attribué à Gustave de Galard, représentant l'arrivée à Bordeaux, en 1815, du duc et de la duchesse d'Angoulême, le 12 mars, jour anniversaire de l'entrée du maréchal Beresford et de l'armée anglaise à Bordeaux, l'année précédente. L'enthousiasme des Bordelais est à ce point qu'on a dételé les chevaux de la voiture que traînent d'honorables citoyens ; des gentilshommes de la région et des notabilités bordelaises l'entourent, pendant que des jeunes filles vêtues de blanc, appartenant aux meilleures familles de la noblesse et de la bourgeoisie, jettent des fleurs sur son passage.

Le tableau n'a pas un grand mérite artistique, mais c'est un document des plus précieux pour l'histoire de notre ville, car il rappelle l'époque mouvementée qui précéda la Terreur blanche à Bordeaux. Boccia en a fait une lithographie assez médiocre, qui est fort rare à rencontrer.

Il y a dans ce tableau, que possède un riche collectionneur bordelais, une particularité qui me semble bonne à signaler.

Le duc d'Angoulême, pour honorer sans doute l'armée et surtout la garde nationale, est coiffé de l'énorme schako de l'infanterie du temps, ce qui, avec son habit de général, dont le col lui coupe les oreilles, offre un contraste singulier et prête à la caricature ; toutefois, il ne faut pas en vouloir trop à Boccia, car Gustave de Galard, dont le fervent royalisme ne peut être mis en doute, avait, en mars 1814, dans un croquis que je crois unique, coiffé le même prince du chapeau bicorne du général Beresford !... une désopilante charge ! !

Germain L..., officier de l'Empire, en costume civil. Petite miniature ovale sur ivoire, dans un médaillon en or qu'on pouvait suspendre au cou ; joli travail de Boccia, 1815.

LOUIS XVIII et MADAME duchesse d'Angoulême. Portraits occupant la face et le revers d'un petit médaillon en or ; minuscules miniatures que les ultra-royalistes de 1815 portaient à la boutonnière de leur habit.

Gustave de Galard, le fécond et spirituel artiste, que ses relations de famille et ses opinions politiques avaient mis en évidence, est l'auteur de ces peintures trop sommairement exécutées pour avoir un mérite artistique.

Le roi est de trois quarts, à gauche, et la duchesse de profil, à droite, coiffée d'une toque verte et blanche à plumes de cette dernière couleur.

Chez M. Manuel LALIMAN, au château de la Touratte.

PORTRAIT

Léon ROCHE, interprète général de l'armée d'Afrique, plus tard ministre plénipotentiaire au Japon. Dessin à la mine de plomb d'Horace Vernet, pour le tableau de la bataille d'Isly, qui est à Versailles.

L'interprète général montre au capitaine d'état-major Espivent de la Villeboisnet, la correspondance d'Abd-el-Kader, trouvée dans les bagages de l'émir.

L'éloge d'un pareil dessin n'est pas à faire ; le talent du célèbre artiste est assez connu.

Chez Mme A.-C. de CHASTEAU, au château de la Touratte.

PORTRAITS

Lady DILON, femme de l'ambassadeur d'Angleterre à Florence (1825-1828). Beau dessin à la mine de plomb fait à Rome par INGRES. Le modèle était bien remarquable, aussi le grand artiste s'est-il complu à le reproduire.

Les demoiselles Aimée, Camille et Florence de CHASTEAU. Charmante et fine aquarelle, exécutée à Naples vers 1830 par Alexandre BRULOFF, artiste russe de beaucoup de talent.

Les trois jeunes filles sont dans la campagne qui domine la ville et le golfe de Naples et regardent la fumée du Vésuve que leur montre l'aînée d'elles.

Le chevalier Edme de Chasteau, consul général, puis chargé d'affaires et ministre plénipotentiaire de France au Maroc (1846-1848). Grande aquarelle magistralement lavée, faite à Tanger (Maroc) par LEBEL, peintre anglais de talent.

Le ministre est assis de trois quarts à droite, en grand costume, la croix de commandeur de la Légion d'honneur au cou et le chapeau à plumes blanches sur les genoux.

Chez M. Émile LALANNE, à Bordeaux.

PORTRAIT

MADAME duchesse d'Angoulême ('), de profil, tournée à droite, coiffée d'une toque verte et blanche à plumes de cette dernière couleur flottant sur le devant, semblable en tout à la gravure du 12 mars 1815 du même artiste, par GUSTAVE DE GALARD. Cette délicate miniature, de 0^m03 de hauteur, est enchâssée dans un médaillon en or destiné à être porté au cou. Elle offre un joli spécimen du talent multiple du peintre bordelais par excellence.

(') *Gustave de Galard, sa vie et son œuvre.* Bordeaux, Feret et fils; imp. Gounouilhou, 1896.

Chez Mᵐᵉ de TENET, née Le Vacher de Boisville à Bordeaux.

Le même portrait de *S. A. R.*, l'auguste fille de Louis XVI([1]), mais simplement en état de préparation, par GUSTAVE DE GALARD, qui la donna au colonel A. de Tenet.

Dans la famille Veuve JARDEL-GÉRAUD, à Bordeaux.

PORTRAIT

Mᵐᵉ Edmond GÉRAUD([2]). Petite aquarelle, très fine de touche, de GUSTAVE DE GALARD.

Dans la famille BAGUENARD, à Bordeaux.

M. RIVIÈRE-BODIN([3]), tout jeune enfant. Charmante miniature de GUSTAVE DE GALARD.

J'arrête là ma communication, car je craindrais d'être prolixe en la continuant. Mon but était, je le répète, de donner un simple aperçu des richesses artistiques que l'on réunirait facilement à Bordeaux pour une Exposition pareille à celle de la Bibliothèque nationale. Je fais des vœux pour que mon appel soit entendu des amateurs et que ce desideratum ait une solution prochaine.

([1.2.3]) *Gustave de Galard, sa vie et son œuvre.* Bordeaux, Feret et fils; imp. Gounouilhou, 1896.

IMPRIMÉ

LE XX MAI MDCCCCVII

IMPRIMERIES G. GOUNOUILHOU

G. CHAPON, *directeur*

Extrait des *Actes de l'Académie nationale des Sciences, Belles-Lettres
et Arts de Bordeaux.*

www.ingramcontent.com/pod-product-compliance
Ingram Content Group UK Ltd.
Pitfield, Milton Keynes, MK11 3LW, UK
UKHW031744170726
13836UKWH00002B/876